# 会津の
# ローカル線
## 只見線、会津線、日中線

**林 嶢、宮地 元、杉江 弘**

白煙をたなびかせC11牽引の貨物列車が第六大川鉄橋を渡る。秋の穏やかな一日だった。◎楢原〜会津落合　昭和48（1973）年10月30日　撮影：杉江 弘

# .....Contents

第五只見川橋梁を渡るC11牽引貨物列車。穏やかな好天に恵まれた秋、白煙をたなびかせて走るC11。
©会津川口〜本名　昭和49(1974)年10月26日　撮影：林 嶢

# まえがき

城下町として名高い会津若松は会津地方の鉄道の要衝であり中心都市でもある。国鉄分割民営化前の会津地方には会津若松を基点に磐越西、只見、会津線が喜多方からは日中線が走っていた。日中線は昭和59（1984）年4月1日に廃止、会津線は国鉄民営化後の昭和62（1987）年7月16日には第三セクター会津鉄道と経営形態が変わった。会津滝ノ原が終着駅であった会津線も現在では昭和61（1986）年10月9日には東武鉄道新藤原～会津滝ノ原（現・会津高原尾瀬口）間が野岩鉄道として開通、会津若松～浅草が一本の路線で結ばれるようになった。

会津鉄道、野岩鉄道、東武鬼怒川線の沿線は江戸時代、会津藩の参勤交代に使用された会津西街道に沿っており宿場町の家並みが残されている。沿線には有名温泉地、尾瀬などの観光地も点在しており多数の観光客が利用する路線でもある。只見川ダムなど電源開発の後押しもあり開通した只見線は只見川の美しい渓谷沿いと日本でも有数の豪雪地帯、有名な魚沼米の産地の中を行く車窓はいつ見ても魅力ある風景が続く。日中と称されているが日中には走らない日中線は蔵の町喜多方～熱塩11.6kmのローカル線で温泉場の日中まで建設予定だったが戦争のため熱塩～日中間は中止された。

昭和30年代から動力近代化により消え行く蒸気機関車撮影に全国を飛び廻っていた私達であるが会津、只見、日中線に足が向いたのは昭和40年代後半のSLブーム時であったと言える。昭和40年代この3路線に活躍する蒸気機関車は全国で見ることの出来たC11形だけに魅力が乏しかったのかも知れない。だが、これらの路線を訪れて見ると四季折々の美しい風景の中を走る蒸気機関車、川面に映える気動車に魅了された。

日中線は今は無いが、魅力溢れる只見線、会津鉄道、野岩鉄道を訪れるファンは現在動態保存運転されている磐越西線のC57、東武鬼怒川線のC11の撮影も兼ねて多い。昭和40年代会津のローカル線風景を懐かしんでもらえれば幸いである。だが列車運転本数の少ない路線だけに自動車で追いかけたことがほとんどであるため、撮影地の一部には誤記があるかもしれない。その節はご叱正いただければ幸いです。写真はほとんど国鉄時代であるが只見線の一部キハ40など国鉄民営化JR時の写真も掲載させていただいた。

令和3（2021）年1月　林 嶢

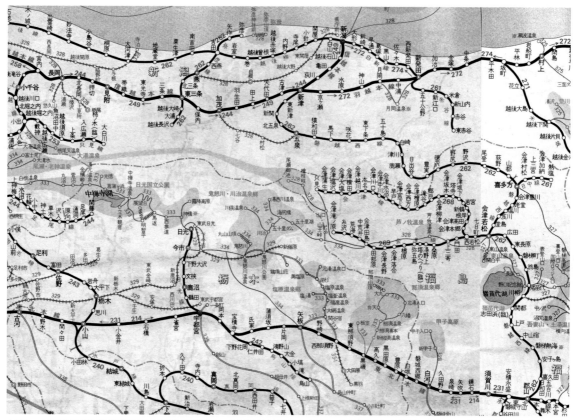

只見～大白川間が延伸開業する3年前の時刻表。全通後は只見線の小出～大白川間を会津線へ編入し、会津若松～小出間が新たに只見線となった。◎交通公社時刻表（昭和43年10月号）。

# 只見線

大正15 (1926) 年から昭和46 (1971) 年まで45年間を費や
して完成した只見線は只見川の電源開発の工事用資材輸送が
主軸でもあった。沿線には田子倉、本名ダムを初めとしてダ

ム、発電所が至るところにある。山々の間を縫って流れる只
見川の美しい景観を見て走る只見線の魅力は今も尽きない。

会津川口に並んだC11。只見川のすぐ側の会津川口駅は、金山町の中心地で給炭水場もあった。
◎会津川口　昭和46 (1971) 年11月21日　撮影：林 嶢

C11 192牽引貨物列車が第四只見川橋梁を渡る。周囲の山々も色付き始めた奥会津の風景はいつ来ても飽きることはない。
◎会津水沼～会津中川　昭和49(1974)年10月26日　撮影：林 嶢

C11 312牽引上り貨物列車が組成を終え静かに出発を待っていた。すぐ側は只見川で周囲の山々が川面に映る風景はすばらしい。隣には木材を積み終えた貨車が1両、静かに止まっていた。◎会津川口　昭和49（1974）年10月26日　撮影：林 嶢

C11牽引の会津若松行き列車が白煙をたなび
かせ第一只見川橋梁を渡る。C11の後にオハ
ユニ61が連結されている。
◎会津西方〜会津檜原
昭和46（1971）年10月24日
撮影：林 嶢

陽が沈んだ夕暮れの会津路、C11 312牽引貨物列車が会津若松へと走り去っていく。風に吹かれるススキが秋の訪れを感じさせる。
◎会津柳津〜会津坂本　昭和49（1974）年10月26日　撮影：林 嶢

会津宮下に列着したキハ45 506他3連。もうすぐ交換列車が入線してくる。先頭はキハユニ26。◎会津宮下　昭和46(1971)年11月21日　撮影：林 嶢

好天の晩秋、C11牽引貨物列車が美しいアーチ橋の第一只見川橋梁を
渡る。滝谷から会津宮下間の渓谷美はすばらしく見応えがある。この
日の貨物列車の編成はトムなど無蓋貨車だけであった。この場所は第
三只見川橋梁とともに只見線の名撮影地である。
◎会津西方～会津檜原　昭和46（1971）年10月24日　撮影：林 嶢

10

紅葉に囲まれた只見川C11牽引旅客列車が白煙をたなびかせ只見川橋梁を渡っていく。ここも名撮影地である。
◎会津宮下〜早戸　昭和46（1971）年10月24日　撮影：林 嶢

只見で給炭、整備中のC11 312。給炭場、転車台の付近はススキが多く風に吹かれ秋の風情を醸し出していた。
◎只見　昭和49（1974）年10月26日　撮影：林 嶢

安全弁を噴きC11 192が出発を静かに待っていた。11月に入ると後方の山々も紅葉に染まり美しい。
◎会津川口　昭和49（1974）年10月26日　撮影：林 嶢

只見川にすぐ迫る会津の山々の急崖を避けて架けられた、
只見線最長の第八只見川橋梁を白煙をたなびかせて渡る
C11牽引貨物列車。貨車はワフ1両のみであるが秋の風情
が漂う光景に感動した。
◎会津蒲生〜会津塩沢　昭和49（1974）年10月26日
撮影：林 嶢

間もなく紅葉もまっ盛りになる会津の秋。只見行のC11 192牽引貨物列車がワフ2両のみの貨車を従え黒煙を吐きながしながら滝トンネルへと向って走り去っていく。◎会津大塩〜会津塩沢　昭和49（1974）年10月26日　撮影：林 嶢

# 旧・只見線

只見線は大白川〜只見間が結ばれるまでは小出〜大白川間であった。全通前会津若松〜只見間は会津線と呼ばれていた。山峡を走る区間であるが越後須原からは農村風景が広がり魚沼産コシヒカリの本場で豪雪地帯でもある魚沼地方を走る。越後の山並みを背に破間川、平名川を渡る列車の風景もすばらしいものがある。大白川〜只見間が結ばれ全通したのは昭和46（1971）年8月29日である。

只見線の全通後、遅ればせながらではあるが11月3日に蒸気機関車「さようなら」運転が行われた。C11 19が名撮影地の第三破間川鉄梁を渡る。C11 63の逆向補機が付いている。◎入広瀬〜柿ノ木　昭和46（1971）年11月3日　撮影：林嶢

C1163牽引の小出行き「さようなら」列車。C11 19が逆向後補機。C11 19に「さようなら」のヘッドマークが掲げられていたが、C1163には無かった。
◎大白川〜柿ノ木　昭和46（1971）年11月3日　撮影：林 嶢

「さよなら」列車運行を終え、C11 19の次位に補機を務めたC11 63を連結して長岡へ戻る。◎小出　昭和46（1971）年11月3日　撮影：林 嶢

魚沼地方の秋、キハ26など混成の気動車が里の秋に映える。◎大白川〜柿ノ木　昭和46（1971）年11月3日　撮影：林 嶢

# 只見線のキハ40

只見線の運用に入って約40年活躍したキハ40は令和2 (2020) 年3月14日のダイヤ改正からキハE120に置き換えられた。JR東日本のキハ40のクリーム色と濃淡緑色の東北地域本社色は春夏秋冬いずれの季節にも絵になった。春は桜と新緑、夏は川霧と山霧、秋は紅葉、冬は雪と題材に事欠かなかった。会津盆地の田園地帯から只見川沿いの景色にも調和してくれた。只見川に架かる橋梁を渡る列車は多くの鉄道ファンと日本のみならず海外からの観光客を惹きつけている。キハ40を撮影するため幾度となく訪問したが特に冬期の奥会津は魅力に溢れていた。吹雪の日には定時より遅れてゆっくりとエンジンを吹かしながら現れる列車。大雪のあとの雪晴れも素晴らしかった。新雪に反射した光が車体に当たり新製時のように輝いていた。苦労した自分へのご褒美は温泉宿に戻り、湯舟に浸かって雪景色を眺めながら冷えた体を温めて郷土料理に舌つづみを打つことであった。

キハ40 582は会津川口発会津若松行424D。◎会津柳津〜会津坂本　平成30（2018）年2月24日　撮影：宮地 元

キハ40 2085＋キハ40 583の会津川口行427D。青色車体、黄帯のラッピングをしたキハ40 2085は只見線の人気者であった。雪晴れの会津路にキハ40が美しく映える。◎郷戸～滝谷　令和2（2020）年2月12日　撮影：宮地 元

第二只見川橋梁を行く会津川口行425D。キハ40 2021＋キハ40 526＋キハ40 571
の3両編成。今にも雪が降り出しそうな日であった。この橋梁を行くキハ40の姿が見
られるのも後1か月余となった。
◎会津西方～会津宮下　令和2（2020）年2月13日　撮影：宮地 元

4連の会津川口行435Dが会津若松で出発を待つ。キハ40 583＋キハ40 2026＋キハ40 571＋キハ40 2141。只見線でキハ40活躍も13日まで、残りわずかとなった。◎会津若松　令和2 (2020) 年3月8日　撮影：宮地 元

キハ40の会津若松行426DがC11 325牽引の試9425列車と交換する。会津坂下は歌手春日八郎の故郷である。
◎会津坂下
平成16（2004）年2月4日
撮影：宮地 元

宮津宮下に進入する会津若松行最終列車434D。乗降客は一人もいなかった。夜の会津宮下駅は静寂の中にあった。編成はキハ40 583＋キハ40 534。
◎会津宮下　令和2（2020）年2月13日　撮影：宮地 元

C11 325牽引9425列車。真岡鐵道に動態保存され運転されているC11 325はJR東日本に度々貸出され磐越東、西線、只見、陸羽西、八戸線のイベント列車に使用されることがあった。この機関車は真岡鐵道から東武鉄道へ売却され鬼怒川線での活躍が期待されている。
◎郷戸〜滝谷　平成29（2017）年5月17日　撮影：宮地 元

只見線の名撮影地第一只見川橋梁を渡るキハ40 514＋キハ40 502＋キハ40 572の会津川口行425D。雪に覆われた木々を背にキハ40の車体が一層美しく映えた。キハ40が走るこの風景も今冬で終りだ。
◎会津桧原〜会津西方　令和2（2020）年1月21日
撮影：宮地 元

キハ40 2021＋キハ40 582の会津川口行427D。暦の上では春だが奥会津の春は遅く、雪解けもまだ先である。
◎郷戸〜滝谷　平成29（2017）年4月1日　撮影：宮地 元

キハ40 2026＋キハ40 2085の会津若松行426D。2両目のキハ40 2085は5月に
ふさわしいさわやかなラッピング車。田植も終わり新緑が映える5月、藤の花がキハ
40を際立たせていた。
◎会津坂本〜会津柳津　平成29（2017）年5月22日　撮影：宮地 元

キハ40 549＋キハ40 581の426D。5月に入って
も所々に残雪があるが木々は芽吹き遅い春の訪れが
感じられる。
◎上条～入広瀬
平成22（2010）年5月1日
撮影：宮地 元

キハ40 2021＋キハ40 2026編成の会津川
口行425D。ヘッドライトを灯し雪中を駆け
抜けていった。この編成は小湊鉄道に譲渡さ
れた車両である。
◎郷戸～滝谷　平成29（2017）年3月8日
撮影：宮地 元

キハ40 2022＋キハ40 514の小出行427D。ようやく桜も満開となる季節である。◎上条〜越後須原　平成22 (2010) 年5月1日　撮影：宮地 元

遠くに残雪の越後の山を眺め第二破間川橋梁を行く2両編成キハ40の434D。
破間川の清流、満開の桜、天候も良く感動の一日だった。
◎越後須原〜上条　平成22年（2010）年5月1日　撮影：宮地 元

# 会津線

会津線は昭和2 (1927) 年に西若松
～上三寄間が開通、昭和9 (1934) 年
には会津田島、昭和28 (1953) 年11月
にようやく西若松～会津滝ノ原間が全
通した。大川の渓谷に沿って走る会津
線は春の新緑、秋の紅葉がすばらしく、
湯野上、芦ノ牧温泉や「塔のへつり」
など見どころの多い路線である。昭和
61 (1986) 年10月の野岩鉄道開通によ
り会津鉄道、野岩鉄道、東武鉄道で会
津若松と東京の浅草が結ばれるように
なった。東武鉄道鬼怒川線にはC11
による「SL大樹」が運転されており、
かつての会津線に活躍していたC11
の姿が瞼に浮ぶ。

湯野上から弥五島、楢原は大川に沿った断崖が迫り、
奇岩が見られるなど一味違う風景が見られる。紅葉
の中、白煙をたなびかせ力走するC11牽引貨物列車。
◎弥五島～楢原　昭和48 (1973) 年10月30日
撮影：杉江 弘

35

C11牽引貨物列車が大川に架かるアンダートラス橋を、白煙を吐き渡っていった。
◎桑原〜湯野上　昭和48（1973）年10月30日　撮影：杉江 弘

11月に入ると山の紅葉も真盛りとなる。晴れ渡った秋空の下、C11牽引貨物列車がゆっくりと走り去っていった。
◎湯野上～弥五島　昭和48 (1973) 年10月30日　撮影：杉江 弘

桑原から湯野上は大川の渓谷美を眺めて走る区間で紅葉の頃の風景は特に
すばらしい。C11 254牽引貨物列車が紅葉に囲まれた第三大川橋梁を渡る。
C11 254は早岐区から会津若松区に今年転属してきた機関車。
◎桑原〜湯野上　昭和48（1973）年10月30日　撮影：杉江 弘

C11 197牽引貨物列車が水無川橋梁を渡る。この橋梁は会津線では一番長く282mである。
◎田部原〜会津田島　昭和49（1974）年10月27日　撮影：林 嶢

上路トラスの第五大川橋梁を渡るC11牽引貨物列車。たなびく白煙が紅葉の渓谷美に映える。
◎湯野上～桑原　昭和48（1973）年10月30日　撮影：杉江 弘

遥か彼方に残雪の三倉山、大倉山など裏那須の連山を望み加藤谷川橋梁を渡るC11牽引貨物列車。会津線の貨物は木材輸送が主で木材は無蓋車、チップを積む貨車の編成が目立っていた。
◎会津落合～会津長野　昭和49（1974）年4月29日　撮影：林 嶢

C1119牽引貨物列車がトンネルを出ると大川からは少し離れて走る。このあたりは大川ダム建設に伴ないダムとなり田畑、線路も湖底に沈んだ。昭和55（1980）年11月30日に桑原駅は約200m北東へ移転、新線も開通した。◎桑原～湯野上　昭和49（1974）年4月29日　撮影：林 嶢

急崖が迫まる大川の流れに架けられたトラス橋を渡るC11牽引貨物列車。渡り終えるとすぐ先はトンネルである。
◎桑原〜湯野上　昭和49年（1974）年4月28日　撮影：林　嶢

# 日中線

蔵の町喜多方と温泉の町熱塩間11.6kmの日中線は昭和13 (1938) 年8月に開通、将来は米沢まで延長する予定であったが実施することなく昭和59 (1984) 年4月1日に廃止された。日中線という名称の如く「日中」に運転されると思われたが実際は早朝1往復、夕刻2往復の合計3往復の列車運行で乗客も少なく、廃止も止むをえないものであった。だが「SL ブーム」末期の昭和49 (1974) 年頃には多くのファンがかけつけ、休日は開通以来の賑わいだった。熱塩の奥先にある日中温泉にちなんで付けられた日中線であるがC11牽引列車も昭和49年10月末で終わり、同時に本州の国鉄線上から蒸気機関車の煙も消え去ったのである。

残雪の飯豊山地を遥か彼方に望みバック運転で喜多方へ向うC11 252牽引朝の上り622列車。
◎会津加納〜上三宮　昭和49 (1974) 年4月28日　撮影：林 嶢

C11 252牽引2両編成朝一番の621列車が熱塩へと向う。喜多方発6時12分と早朝だがこの日は好天に恵まれ陽を浴びて走る姿を撮ることができた。熱塩着6時41分。◎会津加納〜熱塩　昭和49（1974）年4月28日　撮影：林 嶢

上三宮を出ると押切川橋梁を渡ると次の駅は会津村松である。◎上三宮〜会津村松　昭和49（1974）年4月28日　撮影：林 嶢

C11 252牽引の夕方の熱塩行き624列車。ヘッドライトを灯しきれいな木立の側、安全弁を噴き過ぎ去っていく。
◎会津加納〜熱塩　昭和49（1974）年4月28日　撮影：林 嶢

# 会津若松にて

只見、会津、日中線の機関車基地は会津若松運転区であった。機関区、管理所を経て昭和42（1967）年6月会津線、磐越西線管理所を統合して開設されたものである。只見線、会津線、日中線の蒸機は、昭和40年代において全てC11であった

ものの、昭和30年代にはC10、C12が配置されていた。C10は主に只見川の電源開発用に使用されていた。昭和30年代には日中線にC12が主力機として使用されていた時期もあった。撮影地は会津若松運転区（特記以外）

庫内に休むC11とD51。D51は磐越西線用。◎昭和46（1971）年8月8日　撮影：杉江 弘

静寂な夜、C11たちが静かに眠りについていた。◎昭和47（1972）年3月26日　撮影：杉江 弘

会津若松運転区光景。庫の前に転車台があり庫内は15番線あった。◎昭和43（1968）年10月27日　撮影：杉江 弘

会津若松運転の給炭、水場。駅ホームから見ることが出来た。キハ23など気動車も居る。
◎会津若松　昭和46（1971）年3月21日　撮影：杉江 弘

# C10とC11牽引列車

昭和5（1930）年都市近郊の小単位旅客用機関車として23両製造、使用されてきたが都市近郊の電車、気動車化で次第に地方線区に転属していった。その代表が会津線で昭和30年代前半には8両配置され会津線の列車牽引と田子倉、只見川電源開発公社に貸代され資材運搬用等に使用されていた。8両の中には現在大井川鐵道で動態保存されているC108も在籍していた。また、昭和30年代半ば頃までは五日市線でも2両のC10が働いていた。

まだ現役で働いていたC10 4　◎会津若松機関区　昭和35（1960）年8月19日　撮影：宮地 元

いったん休車となっていたC10 10のサイド　◎会津若松機関区　昭和35（1960）年8月19日　撮影：宮地 元

会津若松で出発を待つC11 351牽引会津線旅客列車。後方に給炭場が見える。◎会津若松　昭和40（1965）年12月21日　撮影：杉江 弘

C10 10は昭和5（1930）年5月川崎車輛製。会津若松区に当時8両が配置され、会津線に使用されていた。のちに田子倉・只見川の電源開発会社に貸し出され、電源開発工事の貨物列車等に使用されたものの、昭和35（1960）年から順次廃車された。◎会津若松機関区　昭和35（1960）年8月19日　撮影：宮地 元

# 只見線

昭和46（1971）年8月大白川〜只見間が開通前まで只見線は小出〜大白川で、会津若松〜只見間は会津線であった。会津線は西若松で只見と会津滝ノ原へと二方向に分かれていたため只見方は会津川口線、会津滝ノ原方は会津滝ノ原線と呼んで区別していた。大白川〜只見開通後は会津若松〜小出間が只見線、西若松〜会津滝ノ原間が会津線となった。只見川に沿って走る只見線、大川に沿って走る会津線は両線共四季折々醸し出す渓谷美がすばらしい。モノクロページでは、カラーページとなるべく重複しない作品を選んでみた。

西若松に到着した只見線の貨物列車。只見線でタンク車編成の貨物列車は珍しい。現在駅舎は建替えられ構内風景も変った。
◎西若松　昭和49（1974）年1月20日　撮影：宮地 元

ヘッドライトを灯し宮川橋梁を渡るＣ11 312牽引貨物列車。◎会津本郷〜会津高田　昭和49（1974）年10月26日　撮影：林 嶢

キハ52単行の只見発仙台行急行「いなわしろ１号」。質素ながらも木材置場の小屋など趣きのある駅である。
◎会津高田　昭和46（1971）年８月８日
撮影：林 嶢

秋の会津路、C11 312牽引貨物列車がドラフトも高らかに駆け抜けていった。◎会津坂本〜会津柳津　昭和49（1974）年10月26日　撮影：林 嶢

C11 248牽引会津若松行き424列車。3月の彼岸であるが会津地方の雪溶けは遅い。◎滝谷〜郷戸　昭和46（1971）年3月21日　撮影：林 嶢

会津坂下に到着するC11 313牽引会津若松行き422
列車。給水塔、腕木信号機が印象に残った。
◎会津坂下　昭和46（1971）年3月21日
撮影：林 嶢

C11 366牽引旅客列車が到着。学生たちが乗るとすぐに出発していく。◎滝谷　昭和45（1970）年11月21日　撮影：林 嶢

C11 312牽引旅客列車到着。タブレット
渡しにタブレットが用意されている。
◎滝谷　昭和46（1971）年3月21日
撮影：林 嶢

改札をする職員。この様な光景もすで
に見られなくなった。
◎滝谷　昭和46（1971）年3月21日
撮影：林 嶢

C11 235牽引混合列車。滝谷駅出発するとすぐに滝谷川の美しく深い渓谷を見下
ろす橋梁を渡る。この鉄橋も第一、第三只見川橋梁とともに名撮影地の一つである。
◎滝谷～会津檜原　昭和45（1970）年11月21日　撮影：林 嶢

春遅い会津の里、キハ23単行の会津若松行426Dが滝谷川橋梁を渡る。◎会津檜原〜滝谷　昭和46（1971）年3月21日　撮影：林 嶢

キハ58系3連の急行「いなわしろ」が只見川に影を映し会津川口、会津若松方向へと駆け抜けていった。
◎本名〜会津川口　昭和49（1974）年10月12日　撮影：林 嶢

夕暮れ間近か、キハ58他3連の会津若松発小出行き433Dが第二只見川橋梁を渡っていく。川面にうっすらと列車が反映した。
◎会津西方〜会津宮下　昭和49 (1974) 年10月26日　撮影：林 嶢

会津宮下駅のほど近くにある大谷川に架かる橋梁は短いがコンクリートの美しいアーチ橋である。C11牽引旅客列車が白煙を吐き上げ渡っていく。
◎会津西方～会津宮下　昭和43（1968）年10月27日　撮影：杉江 弘

会津西方駅、只見、会津線の駅舎は小ぢんまりした木造で風情ある駅舎が多く見られた。　◎昭和46（1971）年11月21日　撮影：林 嶢

会津川口構内風景、会津川口は金山町の中心駅である。構内は広く給炭、給水場、転車台があった。川面には会津の山々が反映し風情ある駅だった。
◎昭和35（1960）年8月19日　撮影：宮地 元

会津宮下の夕暮れ時、到着したC11 236はヘッドライトを灯したまま給水を受けている。　◎会津宮下　昭和46（1971）年10月23日　撮影：林 嶢

C11 63牽引11列車とC11 117牽引14列車が交換する。当時、旅客列車は全て蒸気機関車牽引だった。
◎会津宮下　昭和35（1960）年8月19日　撮影：宮地 元

会津若松行き臨9466列車を牽くC11 248が4両編成で入線してきた。◎会津宮下　昭和46（1971）年10月24日　撮影：林 嶢

満々とした只見川の流れと紅葉に彩られた静寂な風
景の中をC11牽引下り貨物列車が力走してきた。
◎早戸〜会津水沼 昭和49 (1974) 年10月26日
撮影：林 嶢

第四只見川橋梁を渡るＣ11牽引貨物列車。静かな湖面に白煙、列車が映った。◎会津水沼〜会津中川　昭和49（1974）年10月12日　撮影：林 嶢

国道252号の早戸付近からは、宮下ダム湖に沿って走る只見線列車を遠景ではあるが撮ることができた。C11牽引旅客列車がヘッドライトを灯し勢いよく走り去っていった。◎会津宮下〜早戸　昭和46（1971）年11月20日　撮影：林 嶢

C11 312と気動車が並ぶ。C11 312は給水を終えると出発する。気動車は次の仕業まで時間がある。
◎会津川口　昭和49（1974）年10月26日　撮影：林 嶢

乗車列車の窓から撮る、只見川に沿って走るC11 63牽引会津若松行旅客列車。
◎会津川口付近　昭和35（1960）年８月19日　撮影：宮地 元

会津川口の駅名標。会津川口が会津津口となっている。会津川口が終点であったことがわかる。
◎会津川口　昭和35（1960）年８月19日　撮影：宮地 元

剥き出しの岩の急崖が迫まる側に架けられた第八只見川橋梁を渡るC11貨物列車が2連トラス橋に入る。第八只見川橋梁は只見川最長の鉄橋である。◎会津塩沢〜会津蒲生　昭和49（1974）年10月26日　撮影：林 嶢

山間の農家の刈り入れも終った頃、ワフ2両を従えたC11牽引貨物列車が澄んだ秋空の下、橋梁を渡っていく。
◎会津塩沢〜会津蒲生　昭和49（1974）年10月26日　撮影：林 嶢

川面にかすかに煙を映しＣ11貨物列車が軽
ろやかに橋梁を渡っていく。
◎会津塩沢〜会津大塩
昭和49（1974）年10月26日
撮影：林 嶢

木材積載のため５両の無蓋貨車を連ねた10両編成
の貨物列車が只見へと向って静かに走っていく。
◎会津蒲生〜只見　昭和49（1974）年10月12日
撮影：林 嶢

ススキも枯れ初め秋の終りを感じさせる会津の里、C11 192牽引貨物列車が足早やに駆け抜けていった。
◎会津横田〜会津大塩　昭和49 (1974) 年10月26日　撮影：林 嶢

刈り入れも終わる頃、秋の日差しを浴びC11 192牽引貨物列車が橋梁を渡って行く。◎会津蒲生〜只見　昭和49（1974）年10月26日　撮影：林 嶢

只見には車庫、転車台や給炭水設備が整っていた。転車台のＣ11 312はこれから転向して給炭・給水に向かう。
◎只見　昭和49（1974）年10月26日　撮影：林 嶢

白煙を吹き流し会津の里の秋をＣ11が力走する。
◎会津横田〜会津大塩　昭和49（1974）年10月26日
撮影：林 嶢

入換作業も間もなく終わり、あとは会津若松へ向けての出発を待つ。◎只見　昭和49（1974）年10月26日　撮影：林 嵬

汽笛を一声、安全弁から蒸気を吐き、黒煙を空高く噴き上げ会津若松へ向けて出発していく。右に入換用の小型ディーゼル機がわずかに見える。
◎只見　昭和49（1974）年10月26日　撮影：林 嶢

# 旧・只見線

昭和46（1971）年8月29日に大白川〜只見間が開通するまでの只見線は小出〜大白川間で、只見〜会津若松間は会津線と呼ばれていた。小出〜大白川間は有数の豪雪地帯であり、魚沼産コシヒカリの本場でもある。八海山、中ノ岳、駒ケ岳の越後三山と破間川の深い渓谷を眺めて走る只見線は、撮影に出掛けた当時はC11牽引列車が5往復運転されているだけであった。

降り続けていた雪も止んだ時、C11牽引大白川行133列車がコンクリートアーチ橋
の第四平石川橋梁を渡り一ツ橋トンネルへと入っていく。乗客はまばらである。
◎柿ノ木～大白川　昭和46（1971）年3月14日　撮影：林 嶢

一ツ橋トンネルを出るとすぐにコンクリートのアーチ橋を渡る。小出行き134列車が一瞬の間に絶気で通りすぎていった。大白川から小出に向かっては下り勾配が続くため煙を噴き上げて走るC11は期待できない。◎大白川〜柿ノ木　昭和46（1971）年３月14日　撮影：林 嶢

雪を掻き分け、煙を噴き上げ終着駅大白川に到着した135列車。雪が溶けると大白川駅は破間川の瀬音が聞え和むことが出来る。
◎大白川　昭和46（1971）年３月14日　　撮影：林 嶢

ヘッドライトを灯したまま給水を受けるC11 63。雪の大白川駅もなかなか風情があった。
◎大白川　昭和46（1971）年３月14日
撮影：林 嶢

C11牽引小出行き混合列車。この付近は車窓に
越後三山を望みながら魚沼産コシヒカリの本場
を走る。
◎越後広瀬〜魚沼田中
昭和43（1968）年12月15日
撮影：杉江 弘

C11 19牽引混合列車、無蓋車7両、客車2両と
整った編成の小出行134列車だった。
◎上条〜越後須原　昭和43（1968）年12月15日
撮影：杉江 弘

冬空の下、C11牽引混合列車が和田川橋梁を渡る。大白川から山間部を走っていた路線も魚沼田中からは越後平野を走る。
◎魚沼田中〜越後広瀬　昭和43（1968）年12月15日　撮影：杉江 弘

C11 19牽引蒸気機関車「さようなら」列車が柿ノ木臨時乗降場に停車中。（昭和62（1987）年4月1日駅に昇格）。ここで撮影するファンも多かった。
◎柿ノ木　昭和46（1971）年11月3日　撮影：林 嶢

只見線の機関車は長岡運転所、小出駐泊所配属のC11だった。豪雪地帯を走るため煙室扉後方には警戒色が塗装されている。
◎小出　昭和46（1971）年3月13日　撮影：林 嶢

# 会津線

昭和2（1927）年に西若松〜上三寄間が開通。戦時の中断で会津滝ノ原まで全通したのは昭和28（1953）年11月だった。会津線は当初木材の運搬に期待されていたがかなわなかった。沿線は「塔のへつり」や「ねざめ渕」など大川の渓谷美は眺められ、また芦ノ牧、湯野上など温泉もあり観光路線である。国鉄民営化後の昭和62（1987）年7月に第三セクター会津鉄道となった。非電化路線であったが東武鉄道鬼怒川線、野岩鉄道と結ばれ滝ノ原から会津田島までは電化されている。現在会津田島から浅草までは東武特急が、鬼怒川温泉〜下今市間にはC11の「SL大樹」が運転されている。

裏那須連山をバックにC1119牽引がゆったりした速度でやってきた。◎田部原〜会津田島　昭和49（1974）年4月29日　撮影：林 嶢

C11 63貨物列車とC11 312牽引貨物列車が湯野上で交換。この様な光景が見られるのも残り少なくなってきた。
◎湯野上　昭和49（1974）年10月13日　撮影：林　嶢

内田駅のほど近くに木に覆われた石碑があった。どのような謂れの石碑か記録していないが良いアクセントとなった。
◎門田付近　昭和49（1974）年10月27日　撮影：林 嶢

煙を噴き流し会津の里の山間を力走するＣ11牽
引貨物列車。
◎湯野上〜弥五島　昭和49（1974）年4月28日
撮影：林 嶢

田園の間にある小さな神社の鳥居、狛犬などの側を白煙を吹き流しＣ11牽引貨物列車が通り過ぎていく。
◎門田〜上三寄　昭和49（1974）年10月27日　撮影：林 嶢

寒々とした会津盆地の中をC11牽
引貨物列車が会津田島へ向けて軽ろ
やかに走っていく。
◎門田〜上三寄
昭和49（1974）年10月13日
撮影：林 嶢

会津線で最長の水無川橋梁を、煙をたなびかせ貨
物列車が渡って行く。天候が悪く裏那須連山も
雲に覆われ出した。
◎田部原〜会津田島
昭和49（1974）年４月29日
撮影：林 嶢

会津盆地の南端、上三寄を過ぎると列車は大川の流れに沿った会津の山中に入っていく。上三寄から桑原へは25パーミルの勾配が続く。ススキに囲まれた線路の中をC11 312牽引下り貨物列車が力走する。◎上三寄〜桑原　昭和49（1974）年10月13日　撮影：林 嶢

刈り入れが終ると会津盆地には稲干しが至る所で見られる。C11が会津の山を彼方に望み通り過ぎていく。
◎門田～上三寄　昭和49（1974）年10月13日　撮影：林 嶢

第四大川鉄橋を渡り終えんとするC11牽引貨物列車。湯野上～弥五島間には奇岩が連続する「塔のへつり」があり大川の渓谷が美しい。
◎弥五島～湯野上　昭和49（1974）年4月28日　撮影：林 嶢

第四大川橋梁を安全弁を噴きながら渡っていくC11牽引貨物列車。山々の木々も芽生き始め会津の遅い春が訪れた。
◎湯野上～弥五島　昭和49（1974）年4月28日　撮影：林 嶢

春遅き会津の里をC11が煙を流しながら駆け抜けていく。会津線は会津西、下野街道に沿っており大内、楢原、田島宿など旧宿場町がある。
◎弥五島〜楢原　昭和49（1974）年4月29日　撮影：林 嶢

会津田島には給炭水場、転車台があった。転向を終えこれから給炭水を受ける。◎会津田島　昭和49（1974）年4月29日　撮影：林 嶢

転車台で転向中のC11 252。転車台は乗務員、職員が手押しで行っていた。◎会津田島　昭和49（1974）年4月29日　撮影：林 嶢

終着会津滝ノ原駅に到着した列車を牽引
してきたC11は転車台に向かった。客車
と貨車が静かに休んでいる。
◎会津滝ノ原
昭和35（1960）年8月19日
撮影：宮地 元

会津滝ノ原駅。当時の会津線旅客列車は
全て蒸気機関車牽引だった。会津滝ノ原
の転車台で転向中のC11 234。
◎会津滝ノ原
昭和35（1960）年8月19日
撮影：宮地 元

会津線終着駅会津滝ノ原の車止。
◎会津滝ノ原
昭和35（1960）年8月19日
撮影：宮地 元

キハ23他3連の会津滝ノ原行き325D。この付近は大川ダム建設によりダム湖となり線路もつけ替えられた。
◎桑原〜湯野上　昭和49（1974）年4月28日　撮影：林 嶢

会津の秋、線路際にはススキが風に吹かれて光っていた。トンネルを出たC11が煙を噴き上げ力走してきた。
◎桑原〜湯野上　昭和49（1974）年10月13日　撮影：林 嶢

残雪の裏那須連山を背に加藤谷川橋梁を渡るC11牽引貨物列車。この付近の景観も大川の渓谷美に劣らずすばらしく会津線の見所は多い。
◎会津落合〜会津長野　昭和49（1974）年4月29日　撮影：林 嶢

# 日中線

「日中走らぬ日中線」は朝1、夕2と1日3往復だけの蒸気機関車牽引列車が運転されていた。機関車は会津若松運転区のC11だったが昭和40年代前半まではC12も活躍していた。SLブームが始まっても日中走らぬ日中線に訪れるファンは稀であった。蒸機列車が残っている線区も少なくなった昭和49（1974）年に入ると1日3往復のC11牽引蒸機列車を撮るため休日には多くのファンが駆け付けたが大半がマイカーであった。沿線の道路が整備されており朝、夕3往復では利用客には不便で国鉄有数の赤字路線であり昭和59（1984）年4月1日廃止された。

残雪の飯豊山地を背に熱塩を出発、次の停車駅は会津加納。荒れた小屋、散乱している材木など一抹の寂しさが感じられる光景だった。
◎熱塩～会津加納　昭和49（1974）年4月28日　撮影：林 嶢

真夏の熱塩、C12 254牽引喜多方行混合614列車が出発を待つ。
日中線にC12が入っていたのは昭和44年頃までである。
◎熱塩　昭和35（1960）年8月18日　撮影：宮地 元

大雪の熱塩駅、早朝の一番列車621レが到着する。例年になく雪が多かった年、一番列車の前にラッセル車が運転され除雪したとのこと。
◎熱塩　昭和49（1974）年1月15日　撮影：宮地 元

ホーム側から見た熱塩駅舎と客車。613列車として到着後614列車となり喜多方へ向う。日中線廃止後熱塩駅は日中線記念館として保存されている。
◎熱塩　昭和35（1960）年8月18日　撮影：宮地 元

熱塩には簡易給水設備があった。これから給水を受ける。◎熱塩　昭和49（1974）年4月28日　撮影：林 嶢

会津加納駅構内。朝の喜多方行622レが停車中。左は与内畑鉱山の建物。この鉱山も7月に閉鎖され駅も活気が失われた。
◎会津加納　昭和49（1974）年4月29日　撮影：林 嶢

上三宮駅光景、小さなホームと駅舎は荒れ果てている。◎上三宮　昭和49（1974）年4月29日　撮影：林 嶢

日中線蒸機列車もあと約半年。SLブームにあおられ日中線も多くのファンで賑わった。遅い春の会津、ようやく農作業が始まった。
◎上三宮～会津加納　昭和49 (1974) 年4月28日　撮影：林 嶢

【著者プロフィール】

**林 嶢（はやし たかし）**

昭和15（1940）年、大阪生まれ。昭和39（1964）年、慶應義塾大学商学部卒業。同大学の鉄道研究会OB会「鉄研三田会」会員。金融機関に勤務のかたわら、日本全国の蒸気機関車等の撮影に没頭。主な著書に『九州の国鉄 昭和40年代の思い出アルバム』（彩流社）、『BLACK　BEAUTY』『スポーク動輪の世界』『C62』『C57』『D51』『想い出の電気機関車』共著（以上、誠文堂新光社）、『国鉄電気機関車』共著（JTBパブリッシング）など。

**宮地 元（みやち はじめ）**

昭和15（1940）年東京生まれ。昭和38（1963）年慶應義塾大学法学部卒業。蒸気機関車、客車、気動車が趣味の対象で、海外では中国・ドイツ・ポーランド等の蒸気機関車を撮り歩く。主な共著は誠文堂新光社『C57』『D51』、JTBパブリッシング『国鉄電気機関車名鑑』など。イカロス出版『ジェイ・トレイン』に「客車区訪問記」を連載中。鉄研三田会会員。

**杉江 弘（すぎえ ひろし）**

昭和21（1946）年豊橋生まれ。昭和44（1969）年慶應義塾大学法学部卒業。日本航空入社、DC8・B747・エンブラエルの機長として長年にわたり乗務し、B747の乗務時間は世界最長の記録となっている。国内外の蒸気機関車を多数撮影し、雑誌や写真集として紹介している。著書に書泉グランデ『心に残る蒸機鉄道』、共著に誠文堂新光社『C57』、『C62』『D51』など多数。また航空に関する著作も多数。鉄研三田会会員、日本エッセイストクラブ」会員。

# 会津のローカル線
## 只見線、会津線、日中線

2021年3月1日　第1刷発行

著　者……………林嶢、宮地元、杉江弘
発行人……………高山和彦
発行所……………株式会社フォト・パブリッシング
　　　　　　　　〒161-0032　東京都新宿区中落合2-12-26
　　　　　　　　TEL.03-6914-0121　FAX.03-5955-8101
発売元……………株式会社メディアパル（共同出版者・流通責任者）
　　　　　　　　〒162-8710　東京都新宿区東五軒町6-24
　　　　　　　　TEL.03-5261-1171　FAX.03-3235-4645
デザイン・DTP ………柏倉栄治（装丁・本文とも）
印刷所……………新星社西川印刷株式会社

ISBN978-4-8021-3228-2 C0026

本書の内容についてのお問い合わせは、上記の発行元（フォト・パブリッシング）編集部宛てのEメール（henshuubu@photo-pub.co.jp）または郵送・ファックスによる書面にてお願いいたします。